RÉPONSE

DE

MONSIEUR ***,

Datée de La Haye du 5 Janvier 1756.

A

LA LETTRE

DE SON EXCELLENCE

MONSIEUR ***** ***,

Datée de Londres du 24 Décembre 1755.

A GENEVE.

M. DCC. LVI.

AVIS.

JE me fais honneur d'être attaché à Mr. ***. Je travaillois dans son Bureau, quand il reçut une Lettre de S. E. Mr. ***** ***, datée de Londres du 24 Décembre, à laquelle il donna Réponse de La Haye du 5 Janvier 1756. Cette Lettre & la Réponse, étant des chefs-d'œuvres de deux des premiers esprits de l'Europe, contiennent des Anecdotes capables d'illustrer les faits historiques de ce tems jusqu'aux siécles futurs. La curiosité me saisit, & avant que de faire mon voyage de Berne, j'obtins la permission d'en prendre copie.

Comme je suis informé que, sans l'aveu de Son Excellence, ladite Lettre du 24 Décembre, s'est publiée à Londres, où tout s'imprime, j'ai cru que le Public ne devoit pas être privé de cette Réponse défensive, remplie de raisonnemens irréfragables.

Un devoir des plus grands, (celui de l'amour de la Patrie) me force à publier cette Réponse, où elle est si bien défendue contre une attaque formidable d'un esprit brillant & énergique. Dans cette défense, il regne une harmonie de paroles qui ne frappe pas simplement l'oreille, mais l'esprit, qui remue, tout à la fois, tant de différentes sortes de noms, de pensées, de choses, tant de beautés & d'élégances, avec lesquelles notre ame a comme une espéce de liaison & d'affinité, qui par le mêlange & la diversité des sons insinués dans les esprits, inspire à ceux qui lisent, les passions même de l'Ecrivain, & qui bâtit sur ce sublime amas de paroles ce Grand & ce Merveilleux que nous cherchons. Pouvons-nous, dis-je, nier qu'ayant un empire absolu sur les esprits, elle ne puisse, en tout tems, les ravir & les enlever ?

Ce stile, digne des Saphons & des Cléobulines, orne le raisonnement solide d'une Piéce remplie d'un zéle Patriotique, & la rend sublime.

De La Haye, *le 5 Janvier*, 1756.

Monsieur,

La préfente eft pour répondre à l'honneur de la vôtre du 14 de Décembre dernier. Ce feroit, de ma part, un manque de favoir vivre plutôt qu'une politeffe, fi par des complimens inutiles je vous dérobois un tems précieux, dont chaque moment eft confacré au bien public, & par cette raifon j'entrerai d'abord en matiére.

Il vous plaît, Monfieur, de requerir mon affiftance, & vous daignez vous abaiffer jufqu'à me fournir vous-même les raifons pour lefquelles (comme bon Patriote) je dois porter notre Patrie à entrer dans vos mefures; mefures qui certainement entraineroient une Guerre générale.

J'efpére que vous m'excuferez fi je fuis d'un fentiment contraire au vôtre. La différence de nos maniéres de penfer, provient, fans doute, de la forme différente des Gouvernemens fous lefquels nous fommes nés, & avons été élevés. Vous, Monfieur, grand par votre naiffance, & né dans une puiffante Monarchie, il vous eft naturel de porter vos penfées fublimes fur des objets grands & magnifiques. Tous les hommes recherchent ce qui leur paroit un bonheur. Dans les Monarchies, on envifage la gloire, la grandeur, l'autorité fouveraine, les victoires fanglantes, les couronnes de laurier, les fceptres d'or & les vaftes conquêtes, comme le plus grand bien de l'Etat; & dans ces fortes de Gouvernemens, les meilleurs Patriotes font ceux qui s'efforcent le plus d'étendre la domination de leur maître.

Mais moi, fimple Hollandois, & né dans une République, je penfe d'une maniére tout-à-fait différente: j'ai des vues fi bornées, & fuis tellement afservi aux préjugés de l'éducation, que je regarde les guerres & les conquêtes comme les plus grands maux de l'humanité. *Plectuntur achivi*. (*Les Sujets portent la peine.*)

Par le même principe, nous penfons, nous autres Républicains, que le vrai bonheur d'un Etat confifte

A

dans le bonheur particulier de chaque individu qui le compofe. C'eft une opinion reçue de tous nos Magiftrats, qu'ils font les ferviteurs des Peuples, qu'ils n'ont aucun droit en eux-mêmes par la naiffance, & que chacun d'eux en particulier, doit travailler à procurer l'avantage du Peuple, & y confacrer tous les momens de fa vie. C'eft l'efprit de tous les Membres du Gouvernement de nos Provinces, de ne confidérer les émolumens de leurs Charges que comme le falaire de leurs fervices, & de croire fermement qu'ils ne font pas moins obligés de remplir chacun les devoirs de ces charges, qu'un Ouvrier l'eft de fournir fa tâche journaliére. De plus, nous fommes la plupart de nous (je crois même pouvoir dire tous) Chrétiens auffi-bien que Réformés; & quoique les argumens qu'on tire des devoirs du Chriftianifme, par rapport à Dieu & au prochain, ne foient, peut-être, d'aucune force vis-à-vis des efprits-forts de la Nation Angloife, qui admirent le politique *Bollingbroke*, ils font cependant d'un poids infini pour nous. Nous ne rougiffons point de notre créance, ni de l'obligation où nous fommes de nous conduire fuivant les loix de l'Evangile, & nous croyons que comme nation, nous devons remplir les devoirs que les loix exigent de nous. Nous penfons qu'un Peuple, lorfqu'il commet une piraterie ou un maffacre, eft auffi criminel qu'un fimple Particulier, & que ceux qui confeillent & dirigent de pareilles mefures, en font refponfables devant Dieu & devant les hommes.

Nous nous regardons nous-mêmes comme une partie du Peuple, conftituée par lui en dignité; nous regardons les Grands & les Riches comme nos freres, & les Pauvres comme nos enfans. Nous penfons que le premier de nos devoirs, eft de rendre les individus heureux, & de protéger & inftruire les Pauvres, de façon que par un honnête travail, ils puiffent fe procurer les néceffités de la vie.

Si c'eft là l'efprit du Corps de nos Régences, celui des Peuples y répond parfaitement : comme ils y trouvent du foulagement & de l'aifance, ils aiment jufqu'à l'excès, un Pays dont la sagesse du Gouvernement leur procure ces avantages, & les fait jouir du bonheur précieux de la liberté. Le Hollandois, ferme dans sa simplicité, ne s'écarte point de ses principes, & son amour pour sa Patrie égale celui qu'eut jamais pour Rome le plus zélé de ses Citoyens.

Les Régens pensent qu'il est de leur devoir de nourrir dans les Peuples ces louables dispositions, & rien n'est plus capable d'y contribuer que le bonheur, la tranquilité & la sûreté que chaque Citoyen trouve dans sa condition.

Notre maxime est de ne point aspirer aux choses élevées. *Serpit humi tutus.* (*En allant terre à terre, on n'appréhende rien.*) Nous allons plus loin; nous disons :

> —— *bene qui latuit, bene vixit : & infra*
> *Fortunam debet quisque manere suam.* Ovid.

(*Celui qui a su se dérober aux yeux du Public, a mené une vie vraiment heureuse; & chacun doit se tenir au-dessous de sa fortune.*)

Le Hollandois frugal suit cette maxime dans la vie privée comme dans la vie publique. C'est pourquoi nous n'avons pas pour la guerre la même inclination, que les Peuples chez qui l'on encourage l'extravagance, & dont on peut dire, avec vérité, que les maximes sont :

> *Usura vorans, avidumque in tempore fœnus,*
> *Et concussa fides, & multis utile bellum.* Luc.

(*L'usure qui ronge & consume le bien d'autrui; l'interêt qui voudroit pouvoir hâter le cours du tems; le mépris des droits les plus sacrés, & leur panchant pour la guerre, où plusieurs trouvent leur avantage.*)

Vous voyez, Monsieur, que par le génie de notre République, la plupart de vos argumens ne sauroient être ici d'aucune force. Quoiqu'ils plairoient beaucoup à un Monarque qui chercheroit à s'aggrandir par des victoires, ou à un Chef qui voudroit se rendre puissant par des conquêtes, & en faire naître (de ces mêmes conquêtes) le prétexte d'entretenir pour leur sûreté, une Armée qu'il pût un jour tourner contre ses Maîtres.

César, après avoir conquis les Gaules, paſſa le Rubicon, ſe rendit maître du Sénat, & mit *Rome* aux fers, avec le ſecours des Troupes Gauloiſes & Germaniques, qui étoient à la ſolde du Peuple Romain, & ce fut par le moyen de ces mercenaires qu'il ſe vit en état d'exécuter ce deſſein perfide ; quoique *Labienus*, le plus ancien de ſes Généraux, & la plupart de ſes *Officiers Romains*, l'euſſent abandonné.

Pluſieurs de vos raiſons ſeroient encore d'une très-grande force, auprès des Souverains de l'Allemagne qui donnent leurs Troupes ; mais elles perdent beaucoup de leur poids vis-à-vis d'une République qui doit les acheter.

Je répondrai à tous vos argumens, Monſieur ; mais avant, ſouffrez, je vous prie, que, comme homme ſimple, je vous raconte une fable à la maniére de Mr. *de Witt*.

Dans le tems que les Bêtes avoient des Gouvernemens, qu'elles parloient, penſoient, & raiſonnoient auſſi-bien que leurs freres, *Spinoſa*, *Bollingbroke*, &c. qui, avec beaucoup d'eſprit & de grandes connoiſſances, ont prouvé qu'eux-mêmes étoient des bêtes, c'eſt-à-dire, des animaux ſans ame ; dans ce tems-là, dis-je, les Lions ſe brouillerent avec les Loups ; n'importe pour quelle raiſon, que je ſuppoſe néanmoins auſſi-bien fondée, que le ſont la plupart des querelles entre les Souverains. Les Loups ſe tenoient dans les rochers, où les Lions n'oſoient les attaquer ; ils faiſoient en vain retentir les forêts de leurs rugiſſemens ; les Loups ne ſortoient point de leur retraite, & le ſecours des Ours devint néceſſaire aux Lions ; mais pour l'obtenir, il falloit trouver aſſez de miel pour leur donner : car Meſſieurs les Ours aiment, par inſtinct, le miel ſubſidiaire. Le Roi des Lions rugit : *Où trouverai-je*, dit-il, *aſſez de miel pour les Ours? Sire*, répond le Renard, *ſi Votre Majeſté veut me faire ſon premier Miniſtre, je ſaurai bien lui en trouver. J'ai pour cela cent moyens différens ; mais un des meilleurs, eſt que je perſuaderai aux Bergers qui gardent leurs nombreux troupeaux dans les marais voiſins, de fournir du miel pour les Ours.*

Le Renard n'eut pas plutôt parlé, qu'il obtint ſa demande. Devenu premier Miniſtre, il emploie toutes les forces de l'éloquence à prouver aux Bergers qu'il ſeroit extrêmement avantageux pour eux de tuer leurs Agneaux, & de vendre, non-ſeulement leur laine, mais auſſi leurs troupeaux pour avoir du miel. *Par ce moyen*, dit-il aux Bergers, *les Lions ſe trouveront en état d'acheter le ſecours des Ours, pour les aider à détruire les Loups. Vous êtes*, continua-t'il, *d'autant plus intereſſés à cette deſtruction, que les Loups ſont ennemis nés des Brebis, & qu'avant qu'il ſoit long-tems, ils ne manqueront pas de les manger toutes.*

Les Bergers répondirent : *Les Loups ont fait leurs plus grands efforts, & cependant, par le ſecours de nos Chiens & des eaux, nos troupeaux ſont encore à couvert. Nous ne pouvons acheter aſſez de miel pour les Ours, ſans vendre tous nos Moutons ; & s'il ne nous en reſte plus, que nous importe de chaſſer les Loups ? Et*, ajoutèrent les Bergers, *ſi les Ours & les Lions détruiſent tous les Loups, comment ſommes-nous ſûrs que les Lions ne nous mangeront pas auſſi-bien que nos Brebis ? car nous ſavons qu'autrefois les Lions aimoient la chair de nos Bergers, autant que les Loups font celle de nos Moutons.*

Maintenant, pour répondre à votre Lettre de point en point, je commencerai, Monſieur, par rapporter les ſix raiſons que vous employez pour nous engager à favoriſer vos meſures.

„ 1°. Parce que les Provinces-Unies ſont obligées „ par Traité, à fournir leur Contingent pour aſſiſter „ l'Angleterre, que les François ont attaquée dans „ l'Amérique.

„ 2°. Parce qu'il eſt de l'interêt des Provinces- „ Unies, comme Etat libre & indépendant, d'empê- „ cher la France de parvenir à la *Monarchie univer-* „ *ſelle* ; ce qu'elle ne manqueroit pas de faire, ſi elle

,, réuſſiſſoit dans ſes entrepriſes, & ſe rendoit maî-
,, treſſe des Colonies Angloiſes dans l'Amérique.

,, 3°. Parce que ſi la France étoit maîtreſſe abſolue
,, des Mers, elle ruineroit entiérement le Commerce
,, de la Hollande.

,, 4°. Parce que vous nous céderez de grands avan-
,, tages, principalement toutes les conquêtes qui ſe
,, feront en Flandre.

,, 5°. Parce qu'en entrant dans les Traités de Sub-
,, ſides, nous ſerons en droit de prétendre à une part
,, avantageuſe dans le Commerce de Ruſſie.

,, 6°. Parce que ſi nous ne fourniſſons pas notre
,, cote-part, l'Angleterre pourroit ſe trouver obligée
,, pour s'indemniſer, de ſaiſir ſur Mer nos Vaiſſeaux.

I. Réponse. Quant à la premiére raiſon, je fe-
rai, Monſieur, la même réponſe que *Charles*, Duc
de Bourgogne, fit aux Magiſtrats de *Gand*, lorſqu'ils
vinrent au-devant de lui. Celui qui portoit la parole,
après avoir fait des excuſes à Son Alteſſe ſur l'abſence
du premier Magiſtrat, lui dit : *J'ai, Monſeigneur,
treize bonnes raiſons à expoſer devant Votre Alteſſe,
leſquelles, j'eſpére, Très-Noble Prince, porteront Votre Grandeur à excuſer l'abſence de ce Magiſtrat. La
premiére, ô Très-Noble Prince! c'eſt qu'il eſt mort ....*
SACRAMENTT! s'écria le Duc en jurant : *je vous
conſeille Monſieur l'Orateur, de garder pour vous les
douze autres ; elles pourront vous ſervir dans une autre
occaſion.*

Si nous ſommes obligés, par Traité, à fournir notre
cote-part, cela ſuffit.

Il n'en faut pas davantage : nous tiendrons ſûrement
la foi que nous avons jurée. Mais c'eſt ce qui eſt en
queſtion ; c'eſt préciſément ce qu'il faut que vous
prouviez ; & juſqu'à ce qu'il le ſoit, vous n'avez rien à
prétendre.

Les François ſoutiennent que c'eſt vous qui avez
commencé les hoſtilités dans l'Amérique. Premiére-
ment, diſent-ils, de la Nouvelle-Ecoſſe vous avez fait
une invaſion ſur les Terres du Canada, & cette invaſion a été ſuivie de l'aſſaſſinat de Mr. *de Jumonville*,

fur les bords de l'Ohio. Je vous avouerai, entre nous, Monfieur, que les preuves qu'ils en produifent, me paroiffent bien fortes en leur faveur, & d'autant plus fortes, qu'elles font appuyées tant par les Gazettes & les Ecrits publiés en Angleterre par autorité du Gouvernement, que par les Mémoires des Commiffaires des deux Nations, & les faits reçus de part & d'autre.

Par le Traité d'Utrecht, on abandonne aux Anglois la Nouvelle-Ecoffe, autrement dite *Acadie*, fuivant *fes anciennes limites*, comme auffi la Ville de *Port-Royal*, avec fes dépendances. Cette Province qui avoit été cédée aux Anglois, comme nous venons de dire, & qu'*ils avoient acceptée*, fut poffédée par eux jufqu'à la déclaration de Guerre de 1744. Ils avoient une Garnifon dans *Port-Royal*, dont ils convertirent le nom en celui d'*Annapolis-Royale*; & jufqu'à ce tems ils ne prétendirent d'autres bornes que *les anciennes limites*. Loin de rien entreprendre hors de la *Peninfule*, ils ne formerent pas même de prétentions fur toute fon étendue, encore moins fur la Riviére Saint-Jean, de l'autre côté de la Baye de Fundi, autrement la Baye Françoife. Maintenant, fi par le Traité d'Aix-la-Chapelle, l'Angleterre doit pofféder la Nouvelle-Ecoffe de la même maniére que par celui d'Utrecht, elle ne peut aujourd'hui reclamer fous ce nom, que ce qu'elle a poffédé fous le même nom, depuis la Paix d'Utrecht jufqu'à la derniére Guerre, qui finit par le Traité d'Aix-la-Chapelle. Les Anglois conviennent eux-mêmes qu'ils ont pris du terrain, & bâti des Forts, & même qu'ils ont chaffé les Habitans d'un Pays, dont eux, Anglois, n'étoient pas les maîtres avant la Guerre de 1744. Toutes ces ufurpations, les François les qualifient d'infractions aux Traités, & foutiennent que parlà, ainfi qu'en attaquant leurs Forts & leurs Gens, les Anglois ont été les Aggreffeurs dans l'Amérique, & depuis, en Europe, où ils ont infulté les Vaiffeaux de la France, fans aucune provocation de la part de cette Couronne.

Les François, Monfieur, femblent avoir la juftice de leur côté, en ce que le Traité d'Aix-la-Chapelle ne fait que confirmer celui d'Utrecht & les autres, & que les Anglois s'étant soumis à accepter, *suivant les anciennes limites*, la Nouvelle-Ecosse ~~pour~~ trente ans, ils ne peuvent en prétendre d'autres, le Traité d'Aix-la-Chapelle n'en ayant point établi de nouvelles : ainsi tous actes qui vous portent au delà de ces bornes que vous avez acceptées & reconnues, sont autant d'infractions par lesquelles vous vous rendez les Aggresseurs.

Mais en supposant même que vous eussiez été attaqués par les François dans l'Amérique, ce cas ne pourroit jamais être un cas d'Alliance (*casus fœderis*) qui vous mît en droit de reclamer notre secours. Si nous sommes obligés de prendre part à chaque hostilité qui se commet sur les possessions Angloises hors de l'Europe, & à chaque insulte que reçoivent ses Flottes, nous avons donc droit de prétendre aussi les secours de l'Angleterre dans les mêmes cas, c'est-à-dire, que les Anglois sont obligés de nous secourir lorsqu'on attaque nos possessions hors de l'Europe, ou qu'on insulte nos Flottes sur Mer. Cependant le contraire est prouvé en ce que nous n'avons reçu d'eux aucune assistance quand on nous a attaqués dans l'Orient, ni même dans les circonstances présentes que les Algériens nous font la guerre dans la Méditerranée, & que les Espagnols exercent de fréquentes, ou plutôt disons, de continuelles hostilités contre nos Vaisseaux en Amérique.

Je trouve même que l'argument dont vous concluez, Monsieur, que les hostilités commises sur Mer & dans l'Amérique, sont un cas d'Alliance (*casus fœderis,*) & autorisent à demander notre secours, prouve trop contre vous, pour la bonté de votre cause. Car, en effet, si cet argument est valable, la France seroit en droit de requérir notre assistance, puisque vous ne pouvez disconvenir que vous avez commis les premiéres hostilités sur Mer ; & le droit de cette Couronne seroit fondé sur ce que nous avons avec elle plusieurs Traités qui subsistent, celui d'Aix-la-Chapelle faisant revivre tous ceux qui sont antérieurs.

De plus, si l'interprétation que vous donnez aux

Traités, devoit être reçue, & que les Mers ou l'Amérique s'y trouvaſſent compriſes, quoiqu'elles n'y ſoient point exprimées, nous aurions un titre pour prétendre à vous faire embraſſer notre défenſe contre les Eſpagnols qui ont attaqué nos Vaiſſeaux dans l'Amérique, & contre les Algériens qui nous courent ſus dans le Levant.

Mais, Monſieur, ſi nous venions à vous demander une pareille aſſiſtance, ou les François à nous, la réponſe eſt toute ſimple : Que ces cas ne ſe trouvant point dans les termes du Traité, il ne peut en réſulter un cas d'Alliance (*caſus fœderis*) qui nous donne droit d'agir contre des Puiſſances avec leſquelles nous avons des Traités, qui, tant qu'ils ſubſiſtent, nous obligent à garder une exacte neutralité.

II. Réponse. Vous tirez, Monſieur, votre ſecond argument du danger où nous ſommes du côté de la France : je repéterai ici vos propres termes.

„ Parce qu'il eſt, *dites-vous*, de l'interêt des Provinces-Unies, comme Etat libre & ſouverain, d'empêcher la France de parvenir à la *Monarchie univerſelle* : ce qu'elle ne manqueroit pas de faire ſi elle réuſſiſſoit dans ſes tentatives à ſe rendre maîtreſſe de toute l'Amérique Angloiſe.

Par ce raiſonnement, Monſieur, vous établiſſez comme un fait ce qui eſt en queſtion, ſavoir, que les François tendent à ſe rendre maîtres de l'Amérique Angloiſe ; c'eſt préciſément ce qu'ils nient, &, encore une fois, c'eſt poſer en fait ce qui n'eſt qu'en ſuppoſition : mais l'art de raiſonner n'eſt plus d'uſage en Angleterre ; l'élocution y ſupplée au défaut de preuves. Puiſque vous battez ainſi la campagne, permettez-moi donc, Monſieur, d'uſer de la même liberté, & de vous faire une queſtion.

Si le fait étoit vrai, ne porteroit-il pas chaque Monarchie, chaque Etat libre de l'Europe à s'élever contre la France, ou toute Puiſſance qui tendroit à créer une *Monarchie univerſelle* ? & dans ce cas oſerois-je vous demander, Monſieur, ſi vous avez communiqué la rare découverte de ce dangereux projet contre l'indépendance de tous les Souverains du Monde, au Roi de Prusse, qui occupe parmi eux un rang si distingué? Peut-être ne l'avez-vous pas fait. C'est un Prince puissant, qui a du jugement, dont les connoissances sont universelles, & dont l'esprit vif & perçant saisit toujours le vrai. Peut-être aussi ne convenoit-il pas d'employer un tel argument vis-à-vis de lui; mais bien auprès de nous autres Hollandois, gens simples, crédules & d'esprit borné. Quelque peu spirituels que nous soyons, & quelque grand que puisse être le mépris que vous avez pour nous, daignez cependant, Monsieur, daignez prendre pour cette fois, un conseil dicté par la franchise, & souffrez que je vous exhorte à le mettre en pratique. Découvrez au Roi de Prusse les sujets de vos craintes; faites-en part aux Suisses, aux Vénitiens, aux Espagnols, & à toutes les autres Puissances de l'Europe; ne le cachez pas même au Grand-Seigneur, ni à l'Empereur de Maroc, puisque toutes ces Puissances doivent se ressentir du poids d'une *Monarchie universelle*. Leur condition pourroit même devenir plus triste que la nôtre, en ce qu'étant plus éloignées de Paris, Capitale de la France, elles y auroient moins de communication, & seroient plus foulées par les Gouverneurs.

Si vous voulez dévoiler aux yeux de ces Puissances, l'horreur de ce projet, elles ne pourront certainement refuser d'ajouter foi au récit que vous leur en ferez; elles ne manqueront pas de se liguer à l'instant, & voilà l'affaire manquée..... Mais, peut-être, que je m'abuse. Oui, je le vois, vous saisissez mieux les choses, vous en jugez plus sagement que moi : c'est à la Hollande que vous vous adressez; c'est à elle que vous représentez que le Monde est en danger d'une *Monarchie universelle*, parce qu'étant le plus petit Etat, cette République sera, sans doute, le plus capable de prévenir ce danger. Il faut, Monsieur, qu'elle & vous, preniez à votre service les Troupes de tous les grands Empires du monde, pour les mettre à couvert des entreprises de là France. Ils feront sûrement pour votre argent, ce qu'ils ne feroient pas pour leur propre conservation.

Il eſt difficile, Monſieur, de parler ſérieuſement d'une *Monarchie univerſelle*. Le cerveau de la France ne ſauroit s'affoiblir jüſqu'au point d'enfanter une pareille chimére. Si jamais le cas lui arrive, cet inſtant eſt le premier de ſa ruine. Elle ne fut pas en état dans la derniére Guerre de maintenir ſes avantages en Allemagne, quoiqu'aidée alors par la Pruſſe, la Baviére & le Rhingrave, ſoutenue des forces de l'Eſpagne & de Naples : & ſi la France portoit aujourd'hui ſes vues à la *Monarchie univerſelle*, toutes ces Puiſſances ne s'éleveroient-elles pas contre elle, ainſi que la Maiſon d'Autriche, la Suéde, le Danemarck, la Pologne; en un mot, toute l'Europe? Ce ſeroit alors *François contre tous*. En vérité, j'ai honte de traiter ces choſes d'un ton ſérieux; mais je ſuis obligé de le faire, parce que nous ſommes ſérieuſement perdus, ſi la peur d'un pareil fantôme eſt capable de nous entraîner dans le gouffre des Subſides.

Mais il ſuffira, j'eſpére, de montrer ſeulement que la France n'a pas perdu le bon ſens, pour vous faire ſentir tout le ridicule d'un projet qui n'a jamais exiſté que dans les cerveaux creux des Politiques des Caffés.

Le Roi de France qui regne aujourd'hui, eſt bien éloigné de penſer à la *Monarchie univerſelle* : il l'eſt même à un tel point, qu'il refuſe d'augmenter ſes Etats. Les faits ſont des preuves auxquelles on ne réſiſte point. Les Jaſeurs de la Nation Angloiſe ne ſauroient nier que toutes les actions de ce Monarque ne prouvent ſa modération. Pouvez-vous oublier, Monſieur, quand vos *Salomons* prenoient le change, que vos Héros étoient battus, & que vos Troupes ſe retirant de canal en canal, perdant Batailles ſur Batailles, Villes ſur Villes, il croiſſoit en gloire, à meſure que vous vous exerciez dans l'art de faire des retraites? Je demande ſeulement ſi vous pouvez oublier ces choſes? Si vous le pouvez, il me ſuffira de vous rappeller, que *Louis XV.* victorieux s'arrêta devant Maeſtricht, lorſqu'il put conquerir, peut-être, mais certainement ruiner ces Provinces dans un tems où il ne nous reſtoit, pour toute défenſe, que les débris de nos Armées & le ſecours de nos eaux. Si nous euſſions coupé nos digues, un ſiécle n'auroit pas réparé nos pertes. Dans cet état des choſes, *Louis XV.* ſacrifia toutes ſes conquêtes à la gloire de mériter le titre de *Bien-Aimé.* Il conſentit à une Paix également honorable pour tous; mais bien plus pour celui qui fit paroître tant de modération dans la victoire. Y a-t'il donc la moindre vraiſemblance qu'un Prince de ce caractére, quittât les ſentiers de la ſageſſe & de la vraie gloire, pour courir après le fantôme qu'on nomme, *Monarchie univerſelle?*

Si l'on pouvoit former l'idée d'un pareil fantôme avec quelque vraiſemblance, ne doit-elle pas ſe trouver au milieu de vos parages? Ne faites-vous pas venir au cœur de l'Europe, les Troupes d'un Empire qui poſſéde déja près de la moitié de l'hémiſphére Septentrional, qui, au moindre ſigne, fait trembler les Peuples depuis la Pologne juſqu'à la Chine, qui renferme dans ſes Etats toutes les Nations Tartares, qui dans le douziéme & treiziéme ſiécle ſoumirent l'Orient, & pouſ-ſerent leurs conquêtes juſqu'en Bohême? L'Empire des Turcs ne redoute-t'il pas ſa puiſſance, ayant ſenti le poids de ſes armes? Les Grecs, cette partie la plus nombreuſe des Sujets du Grand-Seigneur, n'aſpirent-ils pas après les Ruſſes? Preſque tous les Grands de ſa Cour parlent déja la langue Eſclavonne, & les Sué-dois, autrefois vainqueurs des Ruſſes, ne plient-ils pas maintenant devant eux?

Cet Empire, qui renferme une infinité de gens ro-buſtes, poſſéde encore en telle abondance, tous les matériaux pour l'équipement des Flottes, qu'il en four-nit à la plus grande partie de l'Europe. Et vous, qui pré-tendez craindre une *Monarchie univerſelle,* vous per-ſuadez aux Sujets de cet Empire, de tourner leurs vues du côté des forces navales? Vous leur donnez votre argent, pour les déterminer à venir dans ce que vous appellez *vos Mers,* & vous les mettez en état d'ap-prendre à faire voile ſur l'Océan. Quelques-uns diſent même que vous avez deſſein de leur accorder une place d'armes en Angleterre; j'ai de la peine à le croire; mais,

——— Quos Deus perdere vult dementant priùs.

(*Ceux que Dieu a réfolu de perdre, il commence par leur ôter l'entendement.*)

Ce feroit, Monfieur, faire infulte au fens commun, de rien ajouter de plus, touchant l'imagination que la France puiffe penfer, encore moins atteindre à la *Monarchie univerfelle*, fi le ton grave, dont vous affirmez que l'acquifition & la population de l'Amérique Septentrionale lui en fourniroient les moyens, pouvoit permettre de laiffer paffer en filence une affertion fi extraordinaire. C'eft une penfée fi relevée, que perfonne que vous n'eft capable de la concevoir.

La population d'une étendue de Pays auffi immenfe que l'eft celle de *Quebec* jufqu'à l'embouchure du *Miffiffipi*, eft fuffifante pour ruiner la France ; & bien loin de l'aider à faire des conquêtes, l'affoibliroit fans aucune reffource. L'Efpagne fut ruinée par fes conquêtes dans le Nouveau-Monde, & fon fiftême romanefque, d'*Empire univerfel*, détruit : & cette même Efpagne, qui poffédoit l'Allemagne, les Pays-Bas & l'Angleterre du tems de la Reine *Marie*, l'Italie, le Portugal & les deux Indes, fut réduite en un tel état, que, de nos jours, nous l'avons vue donner en appanage au plus jeune Fils de France. Avec une intelligence commune, il eft aifé de concevoir que des acquifitions dans l'Amérique doivent affoiblir le pouvoir de la France en Europe, d'autant de troupes, & d'hommes, & d'autant d'argent qu'elle y en fait paffer.

Pour colorer votre argument de quelque exemple tiré de l'Hiftoire, vous rapportez, Monfieur, " Que „ la troifiéme *Monarchie univerfelle* fe forma de la „ négligence des Grecs à fuivre les confeils de *Dé-* „ *moftbéne*, qui les exhortoit à fe joindre aux Athé- „ niens, pour s'oppofer aux progrès du pouvoir naif- „ fant des Macédoniens. „ Mais, permettez-moi de le dire, Monfieur, vous n'êtes pas *Démoftbéne*, *Louis XV.* n'eft pas *Philippe*, & les François, loin d'être les Macédoniens, n'ont rien de commun avec eux. Le parallèle feroit mieux établi entre les Mofcovites &

les Macédoniens, qu'entre les François & ces derniers.
Les Macédoniens étoient une Nation qui ne faifoit
que d'être connue des Grecs, qui les traitoient de Bar-
bares. Ils commençoient à peine d'être policés, quand
quelques-uns des Etats de la Gréce inviterent *Philippe*
& les Macédoniens à les fecourir contre leurs voifins,
de la même maniére que vous faites aujourd'hui les
Ruffes. On nomma cette Guerre, *la Guerre facrée*,
parce qu'elle fut entreprife pour venger Delphes, dont
on avoit violé le Temple & enlevé les tréfors. *Philippe* en remporta tous les avantages; il fubjugua la
Gréce, & fon fils *Alexandre* en ruina les deux Villes
les plus commerçantes, Athénes & Thébes, dont il
détruifit même entiérement la derniére, où fon pere
avoit été inftruit dans les Arts de la Gréce, & avoit
puifé cette fageffe avec laquelle il poliça fes Macédoniens.

Ce qui facilita fes conquêtes, fut que les Grecs
étoient énervés par le luxe, pleins de l'eftime que leur
infpiroient d'eux-mêmes la puiffance & les richeffes
aquifes par leurs ancêtres, dont ils méprifoient la vertu,
& à laquelle ils devoient cependant toute leur grandeur. Ils ne confidéroient pas que *Philippe* avoit un
nombre infini de gens courageux : ils envifageoient
toujours les chofes fur l'ancien pied, fans avoir égard
à la différence des tems. Dans leur ftupidité, ils pen-
foient que les richeffes tenoient lieu de forces, & que
n'ayant plus befoin du fecours des Macédoniens, ils
les congédieroient lorfqu'ils voudroient, comme ils
faifoient les autres Mercenaires; mais l'expérience les
détrompa, puifqu'ayant été reçus dans les Garnifons
des Villes, ils ne voulurent plus en fortir. Outre cela,
les Grecs étoient alors prefque auffi corrompus que le
font aujourd'hui certaines Nations. De plus, leurs
Orateurs n'étoient pas infenfibles aux préfens; ils con-
feilloient de payer des Subfides aux Macédoniens:
Philippe en tiroit des penfions, qu'il faifoit aux Orateurs, & corrompant ainfi tous les ordres, achetoit les
Villes des Grecs avec leur propre argent. Ce Prince
avoit coutume de dire, qu'il n'y avoit point dans la

Gréce de Ville imprenable, pourvu que les Orateurs y euſſent des langues, & qu'un mulet chargé d'or pût y entrer.

III. Réponse. La troiſiéme raiſon, qui, ſelon vous, Monſieur, exige que nous fourniſſions notre cote-part, eſt:

„ Parce que ſi la France ſe rendoit Maîtreſſe abſo
„ lue des Mers, elle ruineroit entiérement le com
„ merce de la Hollande.

Vous dites cela de la France:

―――― *Mutato nomine de te*
Fabula narratur. Hor.

(*C'eſt votre hiſtoire ; il ne faut que changer le nom.*)

IV. Réponse. Votre quatriéme argument eſt tiré des avantages qui en réſulteront pour nous. Vous dites que nous devons vous aſſiſter;

„ Parce que vous nous céderez de grands avantages,
„ principalement toutes les conquêtes qui ſe feront
„ en Flandre.

―――― *Riſum teneatis amici.* Hor. Sat.

(*Mes amis, empêchez-vous de rire ſi vous pouvez.*)

C'eſt pour le coup, Monſieur, diſpoſer de la peau de l'Ours, avant qu'il ſoit pris. Vous penſez nous éblouir, nous autres Hollandois, par cette magnifique promeſſe ; mais nous ne ſommes plus aſſez goulus pour mordre à un hameçon ſans appas. C'eſt un piége dans lequel on nous a fait donner une fois, & nous lui devons notre ſituation préſente que vous nous reprochez. Nous nous endettames ci-devant pour payer les fraix des Siéges pour la priſe des barriéres, & augmentames par-là nos dépenſes annuelles, de ce qu'il nous en coute pour l'entretien de ces Villes.

Dedecorum pretioſus emptor. Hor.

(*Achetant à grands fraix ce qui devoit tourner à notre honte.*)

Lorſque depuis, nous vinmes à en avoir beſoin pour notre défenſe, leur ſecours fut ſemblable à celui

des Egyptiens, qui, comme un roseau brisé, plioit
sous la main de celui qui s'appuyoit dessus. Nous per-
dimes non-seulement les Villes, mais les Troupes que
nous y avions, & il nous fallut entretenir une Armée
de Prisonniers dans un tems où nous étions forcés
d'en lever, & payer une autre pour la défense de la
Patrie.

A l'égard de l'offre généreuse que vous nous faites,
mon avis seroit, Monsieur, que la Hollande ne vous
cédât pas en générosité. Je vous donnerois même ce
que vous offrez : oui, toutes les conquêtes que vous
ferez dans la Flandre, je vous les abandonnerois à vous
& à vos héritiers pour toujours.

V. Réponse. Le cinquiéme motif que vous employez, Monsieur, paroit avoir quelque chose de plus
raisonnable, par les avantages utiles qu'il semble offrir
dans le Commerce.

„ Parce qu'en entrant dans les Traités de Subsides,
„ nous ferons, *dites-vous*, en droit de prétendre à une
„ part avantageuse dans le Commerce de Russie.

Ceci, Monsieur, est tout-à-fait déplacé. Si nous
sommes obligés par Traité, il n'est pas besoin de nouveaux avantages pour nous faire tenir nos engagemens ;
mais comme il est manifeste que nous ne sommes point
liés dans le cas présent, c'est donc, *res integra* ; &
comme vous n'avez aucun droit pour nous faire agir,
il n'y a que la convenance des cas qui doive nous y
déterminer. Vous semblez même tomber d'accord de
la nouveauté du motif, en ce que vous proposez de
nouveaux avantages, pour nous attirer à partager avec
vous les fraix de la Guerre ; ce que vous auriez pu vous
dispenser de faire, si nous avions déja été engagés.

Nous avons certainement grand besoin d'avoir des
avantages dans notre Commerce ; car les traitemens
que vous nous avez faits, ont mis la Hollande en un
triste état. Mais j'en parlerai plus au long ci-après.

Il n'est pas douteux qu'il seroit fort à souhaiter pour
nous d'obtenir quelques avantages dans le Commerce
de Russie. Mais ce que je veux vous demander, Monsieur, ces avantages ne nous couteront-ils point trop
cher,

cher, fi nous devons nous engager dans une Guerre &
fournir des Subfides, pour les obtenir? Une année de
Guerre coutera plus que tous les avantages qu'on nous
promet, ne peuvent produire en un fiécle. Les Subfides doivent être à charge à tous les Peuples de la
Hollande; mais les avantages ne fe répandront que fur
quelques familles feulement. Si nous commençons une
fois de payer des Subfides à une fi grande Puiffance, il
eft à craindre qu'ils ne tournent en nature de *tribut*
pour *caufe de protection*; & la queftion eft de favoir
fi nous ferons jamais en état de nous en difpenfer. (Il
n'eft pas bon d'aller à la chaffe avec le Lion; nous
pourrions lui fournir trop de connoiffances.) Et que
deviendrions-nous, fi un Empire comme la Ruffie,
tournoit fes vues & fes forces du côté du Commerce
& de la Navigation? Le nombre de fes Peuples eft
infiniment fupérieur au nôtre. Les Ruffes font endur-
cis à la fatigue, infenfibles à l'intemperie des faifons,
font frugals, & peuvent vivre de moins que nous. Ne
feroit-il pas d'une dangereufe conféquence pour nous
d'attirer de pareils Gens dans nos Mers? Car quoiqu'aujourd'hui les Mofcovites ne foient pas portés pour
la Navigation, & qu'ils préférent le repos au travail,
il eft cependant à craindre que l'appas du gain ne l'em-
porte fur cette habitude naturelle. Ils ont des forces,
& font capables d'entreprifes hardies. Si nous don-
nons notre argent à leur Souveraine, fes Miniftres ne
tarderont pas à découvrir, que nous tirons nos richeffes
du Commerce & de la Navigation, qui, malgré la pe-
titeffe de notre Etat, nous fourniffent les moyens de
donner des Subfides à un fi grand Empire.

Cette découverte & ce qu'ils doivent à leur Souveraine, les porteront à lui confeiller d'encourager la
Navigation, d'aquerir des Ports & des Territoires fur
l'Océan & dans nos Mers. Que deviendrez-vous alors
auffi-bien que nous? Ils nous feront, peut-être, la
même grace que *Poliphême* accorda à *Uliffe*.

L'Impératrice qui occupe aujourd'hui le trône, entre
des perfections fans nombre, poffède une grande pénétra-
tion d'efprit. Ses Miniftres font fages, éclairés &

B

affectionnés, & par ces raisons, il est à penser qu'ils ne négligeront rien de ce qui est juste & honorable pour le bien de l'Empire. Il est vrai qu'une grande distance nous sépare, les Russes & nous; mais les Mers rendent toutes les Nations voisines. Les Espagnols possédent loin de leur Pays les Empires du Perou & du Mexique. Les Moscovites commandent aux Tartares du Royaume d'Astracan, qui, après avoir secoué une fois le joug de leurs Vainqueurs, ont été soumis par de nouvelles armes, malgré leur éloignement. Ces mêmes Moscovites étendent leur domination sur le *Camkatska*, encore plus éloigné, lorsqu'ils sont également maîtres de la Livonie & de l'Ukraine, distantes, l'une de l'autre, de quelques milliers de lieues; & tous ces Pays ils ne les ont point enlevés à des hommes efféminés, mais comme arrachés de force aux Nations les plus belliqueuses. C'est pourtant de ces vastes Nations, que vous proposez à la Hollande, cette République de si peu d'étendue, d'acheter le secours conjointement avec vous. Ce sont elles dont, selon vous, nous devrions, à frais communs, armer le bras pour la Guerre; ce qui seroit payer précisément de la ruine entiére de notre Négoce, l'espérance de quelques avantages dans le Commerce de Russie.

VI. Réponse. Votre sixiéme raison, Monsieur, est ce qu'on nomme, *Lex ultima Regum*. (*La derniére Loi des Têtes couronnées.*) Vous soutenez vivement que nous devons consentir à vos demandes.

„ Parce que si nous ne fournissons pas notre cote-
„ part, l'Angleterre pourroit se trouver obligée pour
„ s'indemnifer, de saisir sur mer nos Vaisseaux.

La façon dont vous vous exprimez à ce sujet, ayant quelque chose d'extraordinaire, je rapporterai vos paroles sans y rien changer.

„ Si vous ne voulez pas, *nous dites-vous*, payer vo-
„ tre cote-part, il faut que nous le fassions pour vous;
„ &, peut-être, que par un tel refus, nous nous trou-
„ verions obligés à saisir sur Mer vos Vaisseaux, afin
„ de nous indemnifer, & le danger que vous courrez
„ vis-à-vis de nous par cette conduite, est plus grand

,, que tout ce que vous pouvez avoir à craindre d'une
,, populace ou canaille effrénée.

,, Si par un fol amour pour la Paix, elle venoit à
,, exciter du tumulte pour vous insulter, nous sommes
,, en état de vous soutenir par le moyen de nos Trou-
,, pes Britanniques. Vous feriez donc pour le mieux,
,, d'adhérer à nos demandes; l'état de décadence de
,, votre République étant tel, que vous sentez l'im-
,, puissance où vous êtes de pousser votre Commerce,
,, si nous élevons nos forces contre vous.

Avec tout le respect qui vous est dû, ceci, Monsieur, semble n'avoir pas de connexion avec le reste
de votre Lettre; & mon intelligence est si bornée, que
je ne puis comprendre qu'il soit digne de l'excellence
de votre esprit. Si nous sommes dans un état de trop
grande décadence, & trop foibles pour nous défendre
nous-mêmes, il faut certainement que vos forces se
réduisent à bien peu, puisque vous avez besoin d'un
secours tel que le nôtre. Vous dites que nous man-
quons d'argent, & cependant vous exigez que nous
payions des Subsides à des Empires. Vous convenez
de notre foiblesse, & vous voudriez que nous fissions des
démarches pour attirer sur nous une Guerre de la part
des Puissances les plus fortes & les plus belliqueuses
de l'Europe; des Puissances qui habitent le même
Continent que nous, qui sont nos voisines, & contre
lesquelles ni vos *Flottes* ni l'*Armée Russienne que nous
ne voyons encore qu'en perspective*, ne sont capables de
nous défendre.

Au reste, Monsieur, je ne puis vous dissimuler que
je ne saurois approuver que vous traitiez de populace,
encore moins de canaille, le Peuple de la Hollande.
Ce Peuple que vous méprisez, est sage & bien instruit.
Les Magistrats pensent qu'il est de leur devoir de chercher les moyens de le rendre heureux. C'est pour cela
qu'ils prêtent volontiers l'oreille à ses représentations,
& il n'y a pas d'apparence qu'ils consentent jamais à
faire usage de Troupes étrangéres, pour reprimer ce
même Peuple.

Vous dites que " notre République est dans un état

„ de décadence. „ Si cela eſt, Monſieur, exami-
nons-en les cauſes. Nous la devons, cette décadence,
aux meſures uniformes que l'Angleterre a ſuivies pendant plus d'un demi ſiécle, pour faire tomber notre
Commerce en tems de Paix, & encore plus aux malheurs où elle nous a engagés par des Guerres ruineu-
ſes. Vous, peut-être, ou quelqu'un, Monſieur, allez
exiger de moi les preuves de ce que j'avance, & me
dire :

Immò age, & à prima die, hoſpes, origine nobis
Inſidias, inquit, Danaum, caſuſque tuorum,
Erroreſque tuos.... Virg. Æn.

(Faites-moi, je vous prie, un récit fidéle ; & com-
mençant la choſe depuis ſon origine, racontez-moi tou-
tes les perfidies des Grecs, les malheurs de vos Compa-
triotes, & les erreurs que vous avez faites.)

Pour commencer donc, nous vous envoyames notre Capitaine-Général, pour vous délivrer du Papiſme
& de l'eſclavage. Vous gagnates ce Prince, & le ſites
votre Roi. Le cercle enchanteur d'une Couronne renferme dans ſon or & ſes diamans, un charme empoi-
ſonné qui détruit la reconnoiſſance, l'amour, l'amitié, la piété filiale & paternelle, rompt les doux liens
de l'humanité & ceux des devoirs mutuels de la vie.

Tout céde à la gloire & à l'ambition de regner ſeul ;
& cette ſolitude à laquelle la Royauté condamne, ne
permet pas à un Monarque de gouter les douceurs de
la Société, dont l'égalité fait la baſe : l'amitié & l'a-
mour doivent trouver ou faire des égaux.

Notre Stadhouder, qui avoit défendu la Patrie en
vrai Héros Républicain, devint Roi de la Grande-
Bretagne, ſous le nom de *Guillaume III.*

Hâc fonte derivata clades
In patriam populumque fluxit. Hor.

(C'eſt delà qu'eſt ſortie cette ſource de maux, qui a
preſque ſubmergé tout le Peuple & inondé notre Patrie.)
Le nouveau Monarque trouva tant d'oppoſitions
dans les cabales de la Nation Angloiſe, qu'il ſe vit forcé

de rejetter fur notre Etat tout le poids d’une longue Guerre avec la France. Cela nous engagea dans des dettes qui produifirent des Taxes & de nouveaux Impôts. Avant ce tems, la Hollande étoit dans un état floriffant : nous avions, fous la conduite des Amiraux *Tromp* & *de Ruyter*, non-feulement défait les Anglois fur Mer, mais encore brûlé leurs Flottes dans leurs propres Ports, jufques fur la *Tamife* & *Meadway*. Notre Armée de Terre avoit non-feulement enlevé plufieurs Villes aux Efpagnols, mais même repouffé les François & *Louis le Grand*, alors au plus haut point de fa gloire. Nos Manufactures en toiles & nos Pêches floriffoient fans rivales. *Harlem* blanchiffoit des toiles pour toutes les Nations; *Leyde* partageoit avec l’Angleterre le Commerce des draps : nous étions les feuls qui diftilaffent du Genévre & des Eaux-de-vie de grains : nous faifions les tranfports des Marchandifes de toute l’Europe : les Compagnies des deux Indes étoient riches & puiffantes; & comme tous les Métiers étoient en activité, les richeffes abondoient; chacun trouvoit à s’employer, & retiroit de fon falaire, les moyens fuffifans pour fe procurer les commodités & même les agrémens de la vie, par le prix modique où l’abondance réduifoit alors toute chofe. Nous étions dans cet état, Monfieur, quand votre amitié pour nous fe manifefta vifiblement. Vous nous aimates à un tel point, que cet *Amour* s’étendit fur tout ce qui nous appartenoit; & comme la fin de l’amour eft la *Poffeffion*, vous vous emparates d’autant de nos Manufactures & de nos Pêches qu’il vous fut poffible.

Les Hollandois, qui avoient fuivi le Roi en Angleterre, en donnerent les premiéres notions; ils commencerent par établir en Irlande des Fabriques de toiles. *Guillaume III.* touché de compaffion pour fon Pays, s’oppofa fecrétement au progrès de ces Manufactures, pendant qu’en public il étoit obligé de les encourager. Mais à l’égard de la diftilation des Eaux-de-vie de grains, ce bon Roi n’eut pas befoin de fe faire la même violence; il l’encouragea fecrétement & publiquement par divers Actes du Parlement, fa-

chant que l'ufage de cette boiſſon diminueroit les forces & le courage de la Nation Angloiſe. Ce Prince
étoit Hollandois dans le cœur, quoique l'enchante-
ment d'une Couronne, le fît ſuivre, en public, le
cóurs des Faiſeurs de projets de votre Nation.

Les Manufactures en toiles dans l'Angleterre & l'E-
coſſe, ne firent, ſous ſon regne, que de foibles progrès. Elles étoient même aſſez peu de choſe, par la
raiſon que ce Prince, comme un bon Patriote Hollandois, les décourageoit en particulier. Mais, nonobſ-
tant cela, la ſemence étoit en terre :

—————— Seris factura nepotibus umbram.   Virg.

(Qui de ſon ombre un jour, doit couvrir nos neveux.)
Par les divers engrais que vous y avéz mis, cette
ſemence a tellement levé, qu'elle couvre maintenant
de ſon ombre notre principale Manufacture. Les deux
Royaumes dont je viens de parler, conſommoient une
grande quantité de toiles : ils les payoient en comeſti-
bles, en fournitures, comme charbon, laines crues, &c.
& autres matériaux pour les Manufactures, beaucoup
plus précieux que l'or même, à un Pays de Commerce.
Mais que les choſes ſont maintenant changées, par les
progrès qu'ont faits l'Irlande & l'Ecoſſe dans la Fabri-
que des toiles! Ces Royaumes non-ſeulement ſe pour-
voient aujourd'hui eux - mêmes, & empêchent nos
Marchands de leur vendre les toiles dont ils font uſage; mais ils nous privent encore par-là de ces précieux
matériaux qui fourniſſoient de l'emploi à notre Peuple,
de cent façons différentes, ainſi que des moyens de
faire des proviſions à bon marché : ce qui mettoit nos
Artiſans en état de vivre à leur aiſe, & de travailler
avec plus d'ardeur. Ils fourniſſent auſſi l'Angleterre,
l'Amérique & pluſieurs autres Pays, que nous rem-
pliſſions autrefois des toiles fabriquées chez nous, ou
par les Habitans de Courtray & autres Flamands employés par nos Marchands. On blanchiſſoit ces toiles
à *Harlem*, & nous en faiſions le tranſport. Le profit
qui en revenoit, étoit preſque tout pour notre Patrie.
Outre cela, nous travaillions alors les laines de l'An-

gleterre & d'Irlande, fur lefquelles il y avoit un autre grand profit : que faifoient *Leyde*, *Harlem* & autres grandes Villes, dont les Habitans étoient employés à ce travail ?

Le tranfport qui s'eft fait des Fabriques de toiles en Irlande, où l'on vit à peu de fraix, & où elles ne font fujettes à aucun Impôt, ainfi que la défenfe de l'exportation des laines d'Angleterre & d'Irlande, qu'on exécute rigoureufement à l'égard des Hollandois, ont fait tort au Commerce des dix-fept Provinces, de plus de dix-neuf millions de florins par année. L'Angleterre aggrava le rude coup qu'elle nous avoit porté, en retenant le *Niew-nedberland*, dont *Charles II.* s'étoit injuftement emparé, (à laquelle vous avez depuis donné le nom de *Nouvelle-Torck*) & en retenant de plus, toutes les induftrieufes Familles Hollandoifes qui y habitoient, Cette Colonie avoit été fondée par les Sujets de cet État, & à leurs propres dépens; mais vos Compatriotes jugerent à propos de nous l'enlever, & de la retenir jufqu'à cette heure. Le Roi *Guillaume*, notre *Stadbouder*, ne put même les réfoudre à nous faire juftice fur cet article; & nous n'avons pu encore l'obtenir dans toutes les différentes occafions où nous vous avons rendu fervice.

Mais il faut, fans doute, imputer cette conduite de votre part, à la violence de l'*Amour* que vous nous portez, qui vous rend précieux tout ce qui nous appartient, & vous en rend la propriété fi agréable, que vous ne voulez plus vous en féparer. C'eft, fans doute, ce *fentiment tendre* qui, vous faifant chérir nos Manufactures avec tant de foin, vous porte encore à retenir nos Terres. L'*Amour* eft aux ames généreufes une excufe pour toutes les actions extraordinaires:

—— *Perjuria ridet amantum,*
Jupiter.... Ovid.

(*Jupiter ne tient aucun compte des parjures que font les Amans.*)

La diftilation des Eaux-de-vie que vous avez prife de nous, nous apporte auffi beaucoup de préjudice;

mais heureufement elle vous en fait bien davantage. Vous tiriez autrefois de nous cette forte de poifon que vous préparez maintenant pour vous-mêmes à fi peu de fraix, que la facilité d'en avoir, caufe dix fois autant de dommages, qu'auroient pu faire nos Eaux-de-vie qui étoient plus cheres. En effet, les boiffons fortes de la Hollande, telles que le Perficot, le Ratafia, le Genévre, &c. n'exerçoient leurs ravages que fur les Gens riches & defœuvrés, qui feuls avoient le moyen de les acheter, au lieu que vos Eaux-de-vie par la médiocrité de leur prix, tuent par milliers, ces hommes utiles qui travaillent aux Manufactures. De forte qu'en prenant de nous, cette partie la moins noble de notre luxe, vous avez été nos vengeurs contre vous-mêmes.

——————— Sævior armis
Luxuria incubuit, victumque ulciffitur orbem.

(*Le luxe plus redoutable que les armes, s'eft répandu, & a vengé l'Univers conquis.*)

L'établiffement de vos Manufactures en velours & en foie, a caufé beaucoup de préjudice à Amfterdam & à Harlem; vos Fabriques de bas, & celles des pipes à fumer encore plus. La perte que vous nous avez fait faire d'une bonne partie de ce Commerce, eft caufe que Tergau, Medelbourg, Delphes & beaucoup d'autres grandes Villes en fouffrent, & que plufieurs milliers d'Artifans fe trouvant fans emploi, font forcés de quitter le Pays, ou de s'adonner à d'autres métiers, & de les furcharger. Vous avez à Notingham & ailleurs plufieurs milliers de Fabriques employées à ce travail. Leur produit fe monte à plufieurs centaines de milliers de florins : ce qui augmente la richeffe de vos Villes, répand la joie parmi leurs Habitans, tandis que nos maifons tombent en ruine, & que notre Peuple fouffre.

Par le moyen de vos Forces maritimes & des Garnifons de *Gibraltar* & de *Port-Mahon*, vous entretenez la Paix avec les Algériens & autres Pirates; mais vous ne vous fervez pas, Monfieur, de ces mêmes moyens pour les empêcher de nous faire la Guerre; & cette Guerre, qui dans le fond n'eſt rien, ne laiſſe pas cependant, par la néceſſité où elle nous met, de faire aſſurer nos Marchandiſes, de bleſſer conſidérablement notre Commerce du Détroit & du Levant, & de vous donner ſur nous tout l'avantage.

Les Manufactures en fer que vous avez établies à *Brumingham*, ſont préjudiciables, non-ſeulement aux Fabricans en fer de ces Provinces, mais encore aux Marchands, qu'elles privent de leur gain ſur les grandes quantités qu'ils avoient coutume d'en faire venir d'*Allemagne* & de *Liége*, & d'envoyer au dehors.

Vous avez auſſi, Monſieur, porté un coup mortel à notre COMPAGNIE D'OCCIDENT, en tirant de la caiſſe Nationale dequoi payer aux Propriétaires de la COMPAGNIE D'AFRIQUE Britannique, la ceſſion de leurs priviléges excluſifs; ce qui laiſſe le commerce ouvert à tous vos Sujets. Vous faites plus encore, vous entretenez de la taxe des Terres, que vous nommez *le Service de l'année*, qui s'appelle, *The ſervic of The ycar*, tous les Forts ſur les Côtes de l'Afrique & de l'Amérique; de ſorte que votre Nobleſſe payant toutes les charges pour le Marchand, celui-ci trafique avec aiſance. Et comment notre Compagnie pourroit-elle ſe ſoutenir, obligée de payer elle-même, du produit de ſon Commerce, toutes les charges pour l'entretien de ſes Forts & de ſes Etabliſſemens ? Comment peut-elle négocier contre des rivaux qui ont ſur elle tous ces avantages ? Ce ſont ces mêmes avantages qui font tomber notre Colonie de *Surinam*, tandis que vos Plantations de ſucre augmentent; & cependant, Monſieur, vous exigez que nous tirions de nos Provinces épuiſées, dequoi fournir une cote-part & des Subſides pour le ſoutien de votre Commerce & de vos forces dans cette même Amérique, où vous nous avez chaſſés de notre Nouvelle-Hollande, & où vous prenez des meſures qui tendent à enlever à nos Colonies de *Surinam*, de *Barbieces* & autres, tout genre de Commerce.

Aux Indes Orientales vous vous êtes intrus dans notre Commerce de poivre, dont vous apportez en

Europe de très-grandes quantités. Vous vous êtes aussi emparé de la plus grande partie de celui des Marchandises que nous tirons de la Côte de Coromandel. Il faut encore, sans doute, attribuer tout ceci à votre passion amoureuse pour la belle *Hollandia*. Comme les admirateurs d'une riche veuve, vous êtes si violenment épris des biens de nos Contrées, que votre amour ne peut être satisfait, s'il ne les possède tous.

La plus forte preuve de votre amoureuse flamme, a été votre passion furieuse pour nos *Pêches*, dont la violence fut telle, qu'en vous aveuglant, elle vous fit généreusement accorder des primes excessives pour les aquerir, uniquement parce qu'elles nous appartenoient: car, loin de vous apporter quelques avantages, elles font, au contraire, ruineuses pour vous. Ce qui prouve d'autant mieux le desintereffement de votre passion, & qu'elle n'est autre chose que l'effet de votre véritable amour pour la belle Nimphe *Hollandia*, qui fait passer les plus doux ravissemens dans votre ame, à la senteur d'un *Pekkel-haring*.

Je ne suis donc plus surpris, Monsieur, des vifs transports que vous éprouvates, lorsque vous vous crutes au moment d'obtenir les derniéres faveurs de cette belle Nimphe, j'entens la Pêche du Haran.

Vos espérances cependant ont été fruftrées : ses fidéles serviteurs l'ont défendue contre vos atteintes; ses mistéres restent cachés, & un million de florins que vous avez déja sacrifiés, n'ont pu, jusqu'à présent la corrompre.

Il est vrai, Monsieur, que vous avez un peu mieux réussi à l'égard de la Pêche de la Baleine. Vous nous y avez causé beaucoup de pertes, fans en retirer cependant aucun avantage pour vous-mêmes. Votre Gouvernement donne quinze florins pour chaque tonne dont se mesurent les barques employées à la Pêche du Haran-blanc; & vingt florins pour chacune de celles dont se mesurent les navires destinés à la Pêche de la Baleine. Cette méthode de donner vingt ou trente pour cent, que vous tirez de la poche de ceux de vos Sujets qui possèdent des Terres, afin d'exciter les autres à entrer en concurrence avec nous, pour la Pêche & pour le Commerce, doit certainement faire tort à tous les Marchands d'un Pays comme le nôtre, qui n'ont point de revenus en Terres, pour en donner des primes semblables. C'est ce qui fait que nous en recevons un très-grand préjudice, nous étant impossible de nous tirer d'affaire, & de vendre à aussi bon marché que vos Négocians qui ont de pareilles allocations: quoiqu'il y a en cela du mal-entendu de votre part, puisque ce qui nous cause du tort aujourd'hui, peut un jour devenir très-préjudiciable pour vous, en ruinant les Propriétaires des Terres, chargés de payer ces primes, & ralentissant l'ardeur de vos Commerçans, qui mettront en Mer seulement, pour enlever la prime, & aimeront mieux manquer le poisson, que de perdre la prime.

Maintenant supposez, Monsieur, que par amour pour nous, vous abolissiez toutes ces primes (que vous nommez *bountys*,) sur les toiles, les provisions de Mer, les Pêches, &c. que vous laissassiez commercer au pair, & qu'au lieu d'employer cet argent à nous nuire, comme vous faites présentement, vous le donnassiez par voie de Subsides, à vos *Russes*, *Calmouks*, *Pandoures*, *Hamaducks*, & autres Messieurs, dont les noms sont si rudes & si difficiles à prononcer; en ce cas, dis-je, vous n'auriez pas besoin de notre contingent. Supposez encore que vous nous accordassiez la liberté d'acheter toutes les laines crues que vous ne pouvez travailler en Angleterre & en Irlande, (vous ne les empêchez point de passer en France) pourquoi ne permettriez-vous pas aux Hollandois d'en faire emplette? Votre grand Roi *Edouard III.* accorda cette liberté sur les laines, aux dix-sept Provinces, lorsqu'il obtint leur secours dans les Guerres contre la France. Nos Ancêtres, plus sages que nous, surent profiter des circonstances pour l'avantage de leur négoce, & se firent payer pour faire la Guerre. Nous autres, nous payons, & perdons notre Commerce.

Si vous prétendez que nous devions vous aider de notre argent pour vous soutenir contre les François dans la *Nouvelle-Ecoſſe*, rendez-nous donc la *Nou-velle-Hollande* qui nous appartient, & que vous rete-nez ſous le nom de *Nouvelle-York*.

Après vous avoir expoſé, Monſieur, la décadence de notre Commerce, occaſionnée par les meſures uni-formes que vous avez priſes pendant plus d'un demi ſiécle, je vais parler de la maniére dont vous avez agi à l'égard de l'interêt de notre argent, & de ceux qui vous en ont prêté pour le ſoutien de vos Guerres.

Vous promites d'abord ſix pour cent, & les payates tant que *Guillaume III.* vêcut. Les premiéres conven-tions furent, que chaque taxe qui ſervoit d'hipothé-que, ſeroit affectée tant au payement de l'interêt, qu'à l'amortiſſement du capital qui avoit été prêté ſur cha-que taxe, & ce dans un nombre d'années limité à cet effet. Vous trouvates enſuite les moyens de perſuader au Peuple, qu'il valoit mieux ne pas avoir cet argent en parties ſéparées; mais de faire du tout, un fonds général, & vous promites que tout l'argent qui reſte-roit après les interêts payés, ſeroit employé à former une maſſe, nommée par vous, *the ſinking-fund*, le fonds d'amortiſſement, laquelle ſeroit entiérement ap-pliquée au rembourſement du capital. Depuis, vous avez fait de cette maſſe, un moyen pour menacer (en tems de Paix où l'argent eſt en abondance) tous ceux qui refuſeroient d'accepter la réduction de l'interêt. Mais lorſque les eſpéces ſont rares, vous n'offrez plus de rembourſer, & les Prêteurs n'ont pas aſſez de pou-voir pour retirer leur argent de vos mains; & quoique ſuivant le premier accord, vous euſſiez promis que cette maſſe ſeroit inviolablement appliquée à l'amor-tiſſement du capital, vous en prenez préſentement le produit pour l'uſage de la Guerre; & les fonds à $3\frac{1}{2}$ ſont tombés à $90\frac{1}{2}$. La premiére réduction ſe fit en-viron 1712 ou 1713, à 5 par cent; la ſeconde à 4 par cent, vers l'année 1720; & la troiſiéme fut faite il y a près de cinq ans. Dans ce même tems vous offrites de rembourſer entiérement tous ceux qui ne voudroient pas accepter $3\frac{1}{2}$ pour ſept ans, & 3 dans la ſuite; afin de vóus réſerver le pouvoir de rembourſer les Créditeurs, fans fixer pour eux de tems, ni de lieu où ils puffent former des demandes; ajoutant que le fonds d'amortiffement devoit être continué pour le payement defdits Créditeurs. A préfent que les 3½ font au-deffous du pair, je ne trouve point que vous ayez ordonné de payement, pour être fait à ceux qui le demanderont. Si vous l'aviez ordonné, les 3½ ne feroient pas tellement tombés au-deffous du pair, qu'ils n'euffent pu fe maintenir de 94 à 90. S'il vous plaifoit, Monfieur, d'affigner un tems de payement, ceux qui en ont befoin, retireroient leur argent, & le refte monteroit au pair.

Si vous appliquez le fonds d'amortiffement en tems de Paix, pour baiffer l'interêt quand l'argent eft en abondance, & que vous ne l'appliquiez pas en tems de Guerre, que les efpéces font rares, pour maintenir la valeur du capital, voici, Monfieur, la conféquence qui en réfulte pour le Particulier : *il peut perdre & il ne peut jamais gagner* ; ce que l'on prouve de cette maniére. Si les efpéces font abondantes, la valeur du principal doit monter, par la raifon qu'il rapporte un meilleur interêt qu'il ne pourroit faire ailleurs. Mais fi le Gouvernement offre de nous rembourfer, fi nous n'acceptons pas un moindre interêt, alors le fonds capital ne fauroit monter, parce que le motif de fon augmentation, qui étoit l'efpérance de la durée d'un plus haut interêt, ceffe à ce moment. C'eft pourquoi, la Paix & l'abondance de l'argent ne peuvent être avantageufes au Propriétaire des fonds Anglois : elles ne fauroient faire monter fon capital beaucoup au-deffus du pair ; mais elles peuvent diminuer l'interêt, &, par conféquent, fon revenu. Mais s'il arrive une Guerre, ou que les efpéces deviennent rares, fon argent fe trouve engagé, il n'en peut tirer aucun avantage : bien loin delà même, s'il a befoin de vendre, il perd confidérablement; il faut qu'il vende à difcompte, & ce difcompte augmente proportionnellement à la rareté de l'argent. Les 3 par cent font un peu au-deffous de 90, ce qui fait un peu moins de 10 par cent de difcompte; & fi le Gouvernement venoit à emprunter à 4 par cent, alors les 3 par $\frac{o}{o}$ n'iroient guères au-deffus de 75 par cent, ou 25 par cent de difcompte, & cette perte ou plus grande perte peut arriver par une Guerre.

Mais, Monfieur, dans le cas d'une Paix & de toute autre profpérité, quelque grande qu'elle pût être, les fonds publics en Angleterre ne fauroient monter beaucoup au-deffus du pair. S'ils le font, le Gouvernement peut offrir de rembourfer & réduire l'interêt, comme il a fait autrefois, & cela doit tenir les fonds au pair. Tous ces inconvéniens naiffent du pouvoir qu'a le Gouvernement de rembourfer, fans que le Créditeur ou le Propriétaire ait celui de demander. C'eft pourquoi *le bénéfice de l'abondance des efpéces* eft tout pour le Gouvernement, tandis que la perte que leur rareté occafionne, eft toute pour les Créditeurs ou les Propriétaires des fonds.

Nous avons, Monfieur, un exemple récent de l'ufage qui fe fait du pouvoir ci-deffus. La COMPA-GNIE DES INDES Orientales vient de réduire fes dividendes de 8 à 6 ; ce qui a fait tomber les capitaux, & eft caufe que les Propriétaires en Hollande ont également perdu le produit de leur argent, s'ils le laiffent dans les fonds d'Angleterre, & fur leur principal, s'ils le vendent.

Il y a dans les fonds d'Angleterre de l'argent appartenant aux Hollandois, ou négocié par eux, y compris les Juifs, à la naturalifation defquels on n'a pas voulu confentir dans votre Pays, mais que nous regardons cependant, nous autres, comme de pacifiques & d'eftimables Hollandois.

   Les uns difent, fl. 200,000,000.
   Les autres feulement, 170,000,000.

La fomme eft grande ; c'eft pourquoi j'en écrirai le montant tout au long : les uns difent, *deux cens millions de florins* ; les autres feulement, *cent foixante & dix millions de florins.*

Le manque d'argent a été un des plus grands obftacles à la profpérité de cet Etat & à l'avancement de fon Commerce, & nous le devons, Monfieur, ce manque d'argent, à notre facilité à feconder vos projets, qui nous ont engagés dans des dettes, & ont fait passer nos espéces dans vos fonds. Le préjudice que nous en avons reçu, s'est fait sentir doublement, en ce que cet argent nous manque dans notre Commerce, & que vous l'avez dans le vôtre. Outre cela, les Propriétaires, qui sont Sujets de notre Etat, ne retirent que $3\frac{1}{2}$ par cent, qui vont bientôt être réduits à 3 par $\frac{o}{o}$, au lieu que si cet argent avoit été mis *dans le Commerce* en Hollande, il auroit pu rapporter 6 par cent au Commerçant. Supposons, par exemple, cent millions placés à 3 par cent en Angleterre, les Propriétaires ne reçoivent en interêt que trois millions de florins, & même cette somme n'entre pas toute dans le Pays, une partie de cette somme étant employée en charges, commission, &c. Mais si ces mêmes cent millions avoient été employés en Hollande, dans le Commerce, & qu'ils eussent rendu 6 par cent, les Propriétaires auroient répandu dans le Pays six millions de florins par an, & la Hollande auroit eu trois millions de plus chaque année, au grand avancement de toutes les branches de son Commerce.

Il résulte pour nous de ceci, Monsieur, une des plus fortes raisons, de nous empêcher de prendre avec vous aucunes mesures qui puissent donner de l'appui à ceux de votre Nation, qui sont portés pour la Guerre qu'on est, dit-on, allé chercher jusqu'aux Indes.

> *Impiger extremos currit Bellator ad Indos,*
> *Per mare pauperiem fugiens, per saxa, per ignes.* **Hor.**

(A toute heure, en tout tems le Guerrier est prêt de voler au bout des Indes, pour fuir la pauvreté au travers des ondes, des feux & des rochers.)

Le gros & le riche *Crassus*, pour fuir la pauvreté & l'obscurité que la Paix lui faisoit craindre, & pour avoir à son lever une foule de *Proconsuls*, de *Préteurs*, & de *Sénateurs*, & ses anti-chambres pleines de Rois tributaires, force les Romains à faire aux Parthes la Guerre,

> Où toujours le Héros passe pour sans pareil,
> Et fût-il louche & borgne, est reputé soleil. **Boil.**

Comme le grand art d'un Procureur confiste à faire durer un procès, & celui d'un Chirurgien à conduire une pustule à la formation d'un ulcére, de même, Monsieur, celui d'un Génie militaire doit être de savoir d'une querelle (au sujet des limites d'une forêt) en faire naître une Guerre générale, & y sacrifier des milliers de vies & des millions d'argent, tandis qu'un homme de bonne foi, qui auroit donné dix mille florins de cette forêt, croiroit l'avoir payée trop cher.

Nous devons souhaiter toute sorte de bonheur à ceux qui sont portés pour la paix, & nous savons qu'il y a en Angleterre beaucoup de ces sages & dignes personnages, qui, quoiqu'en plus grand nombre que les Héros, se font moins entendre qu'eux. *Une caisse vuide*, dit le proverbe, *fait plus de bruit qu'une barrique pleine.*

Il est de notre devoir pour l'amour de nous-mêmes & de nos Compatriotes, qui ont tant de millions dans les fonds d'Angleterre, d'empêcher, autant qu'il dépend de nous, que les hostilités soient poussées plus loin. " Plus la Guerre est étendue, plus il en doit
„ couter à la Grande-Bretagne; plus elle a besoin d'ar-
„ gent, plus elle doit payer d'interêt; & plus l'interêt
„ qu'elle donne aux nouveaux Prêteurs est haut, plus
„ la chute des capitaux appartenant à nos Compa-
„ triotes, doit être considérable. „ De sorte qu'il n'est point de moyens que nous ne devions mettre en usage pour empêcher la Guerre.

Vous ne pouvez nier, Monsieur, que c'est en suivant vos conseils, que nous nous sommes jettés dans les dettes qui nous accablent aujourd'hui. Vous nous conseillates de pousser des Siéges à nos dépens, & d'être les principaux dans la Grande-Alliance. Vous nous portates, &, pour ainsi dire, nous forçates à refuser des conditions avantageuses offertes à *Geertruiden-berg* & dans d'autres tems. Et pendant que la Hollande s'enfonçoit dans les dettes, votre Duc de *Marlborough* accumuloit des millions pour son Epouse, dont ce Général laissa plus de trente millions de florins à sa mort.

N'est-ce pas encore, en suivant vos mesures dans

la derniére Guerre, ſi ruineuſe pour nous, que nous nous ſommes tellement accablés de dettes & de taxe, qu'il ne nous eſt plus poſſible de favoriſer vos projets?

Je crois, Monſieur, vous avoir pleinement démon‑tré ce que j'ai avancé : que l'état de décadence où vous dites que nous nous trouvons, ne doit être imputé qu'aux meſures uniformes que l'Angleterre a ſuivies pendant plus d'un demi ſiécle, pour faire tomber notre Commerce en tems de Paix, tandis qu'en ſecondant vos deſſeins, nous nous ſommes vus ruiner par les Guerres.

Les Peuples de la Hollande, en général, ſentent la perte de leur Commerce ; mais ils en ignorent la cauſe : ils peuvent à cette heure clairement voir, qu'il eſt dû aux meſures ci-devant mentionnées, par leſquelles nos voiſins ont détourné de notre Commerce tant de mil‑lions de florins par année, & tiré de ce Pays, pour les faire paſſer dans le leur, tant de centaines de mil‑lions de florins qu'ils y retiennent à bas interêt. L'ab‑ſence de ces ſommes ſe fait ſentir vivement dans tous les états. Le Marchand de vin, le Braſſeur, le Bou‑langer a moins de débit & plus de peine à être payé, quand le Négoce va en déclinant, & que l'argent eſt rare. La diminution du fret eſt cauſe qu'on bâtit moins de Vaiſſeaux, & fait ſouffrir les Charpentiers, les Forgerons, les Cordiers & des centaines d'Ou‑vriers qui ne ſubſiſtent que par l'équipement des na‑vires : cette diminution des eſpéces, dis-je, fait ſouf‑frir non-ſeulement eux, mais même les plus gros Mar‑chands. Pluſieurs de ces derniers m'ont dit avec lar‑mes, que leur cœur étoit ſenſiblement touché de voir les beſoins de quantité d'induſtrieux Fabricans, qu'il ne leur étoit plus poſſible d'employer, comme ils avoient coutume de faire, par la raiſon que les An‑glois, au moyen des primes, vendant à meilleur mar‑ché qu'eux, ils ne ſe trouvoient pas en état de com‑mander de l'ouvrage pour le dehors. Nous voyons d'habiles Ouvriers qui n'ont pas le moyen de ſe don‑ner un verre de vin, à cauſe de la médiocrité du ſa‑laire que la mevente des Anglois les force d'accepter.

C

Il en est des autres genres de Négoce, comme de ceux dont je viens de parler. Si les primes accordées par les Anglois sur les Pêches du Haran & de la Baleine, ne permettent pas au Marchand Hollandois de vendre au même prix qu'eux, il ne peut, par cette raison, employer pour ces Pêches autant de navires : il faut aussi qu'il diminue les prix qu'il donne, & le nombre des gens dont il se sert : ceux dont on réduit les gages, ou qui se trouvent sans emploi, ne sont pas en état d'entretenir leurs familles de Thé, de Caffé, ni de leur acheter autant d'habits, de linge, de souliers, &c. ni d'en donner le même prix qu'ils faisoient lorsqu'ils avoient de l'ouvrage. De façon que le Tailleur, le Cordonnier, le Drapier, & les Marchands qui tiennent les différentes sortes de boutiques, en souffrent. Le Marchand en gros lui-même, si son Commerce diminue, est aussi obligé de réduire sa dépense, &, par conséquent, tous ceux qui fournissent sa maison & sa famille, doivent en avoir d'autant moins de débit. Les Riches qui vivent de l'interêt de l'argent qu'ils ont en Angleterre, doivent aussi se retrancher de leurs dépenses, les Anglois ayant réduit l'interêt de 4 à 3 pour cent, comme ils viennent de réduire la Compagnie des Indes de 8 à 6 par cent; ce qui fait, par conséquent, la perte d'un quart de leur revenu. Au reste, ces derniers ne méritent pas tant qu'on les plaigne, ayant aidé de leur argent les Rivaux de notre Compagnie des *Indes Orientales*, qui est un des *principaux soutiens de ce Pays*. Mais on doit réellement plaindre les Marchands & les Artisans qui les fournissent, puisqu'ils perdent de leur débit, à mesure que les autres sont forcés de se réduire, c'est-à-dire, s'il y a un quart moins de dépense, il y aura un quart moins de vente, & tous ces inconvéniens doivent inévitablement augmenter, si nous nous engageons dans une Guerre. C'est pourquoi, Monsieur, je vous avoue que je n'y suis nullement porté, & je pense que tout *bon Hollandois est pour la Paix*. Mais si l'Angleterre a dessein d'augmenter son Commerce & ses possessions dans l'Amérique, de s'assurer sur Mer une supériorité qu'elle puisse faire *fentir à tout le monde*, & particuliérement à la France, & qu'elle juge la Guerre néceffaire pour parvenir à fes fins, elle peut faire ce qu'il lui plaît; mais à fes propres fraix & dépens. Pour nous, il eft de notre *devoi* & de notre interêt de garder une exacte neutralité, qui fera la fituation la plus heureufe pour ces Provinces.

——— *Quod optanti Divum promittere nemo*
Auderet, volvenda dies en attulit ultro. Virg.

(La révolution des tems nous procure aujourd'hui un bonheur qu'aucun des Dieux n'eût pu nous promettre.)
L'Angleterre étant en Guerre avec la France, l'ASSURANCE a lieu contre les deux parties, & doit monter. Les Ifles Françoifes *affurent* à 35 par $\frac{o}{o}$, les vôtres à 20. Mais aux premiéres prifes que font les François, l'affurance de vos Ifles doit auffi être portée à 35, comme dans la derniére Guerre: & en fuppofant même qu'on ne la mît qu'à 25, & que l'affurance fur les Vaiffeaux Hollandois reftât à 5 pendant notre neutralité, nous aurions encore 20 par cent de profit fur un voyage de huit mois. Quel avantage n'en réfultera-t'il donc pas pour *Surinam*, les *Barbieces*, & toutes nos Colonies des petites Indes! Le Marchand Hollandois recouvrera tout ce que vos primes lui ont fait perdre; il fera en état de vendre à 5 par cent meilleur marché que vous & les François, & cependant de gagner encore 15 par cent. Si c'eft un homme qui n'a pas affez de capital pour remplir toute l'étendue de Commerce qu'il pourroit embraffer, il lui fera facile de faire des emprunts, en payant un interêt de 6 par cent, & il lui en reftera encore 9 du montant de fon gain réel. Il en fera de même par rapport au Commerce du Détroit. Si l'affurance contre les François & les Anglois eft plus haute que contre les Algériens, parce que le danger eft plus grand, dans ce cas nous aurons l'avantage dans tout le Commerce du Levant. Il faudra auffi que vous renonciez à vos nouvelles Pêches, & que vous nous laiffiez nous rétablir dans notre ancien état. *De*

Witt vous fournit le nombre de millions que cet Etat floriſſant produiſit de ſes jours. Une triſte expérience nous apprend de combien ce nombre eſt aujourd'hui diminué. Alors le Commerce des toiles ſe rétablira, & d'autant plus ſûrement, qu'outre le deſavantage que vous aurez dans l'aſſurance, vous perdrez encore une grande quantité de vos Ouvriers, qui iront ſervir tant par Mer que par Terre ; & comme l'aſſurance nous fournira les moyens d'augmenter nos profits, nous ſerons alors en état de donner de meilleurs ga- ges : ce qui encouragera un plus grand nombre de Tiſſerands François-Proteſtans à venir dans ce Pays ; & les Allemands de la Religion Proteſtante, qui ſe rendent ici maintenant pour paſſer à l'Amérique An- gloiſe, faute de trouver à s'employer dans ce Pays, s'arrêteroient alors chez nous, y trouvant de l'ou- vrage & un ſalaire honnête. Or, le rétabliſſement du Commerce fournira l'un & l'autre. Les mêmes rai- ſons feront encore revivre le Commerce des laines. *Leyde* & toutes les autres Villes recevront des ordres de toutes parts, & les mains aujourd'hui ſans emploi, ſe trouveront occupées & mieux payées. La Hollande n'aura pas alors aſſez de Navires pour ſatisfaire aux demandes qui s'en feront pour le fret ; de ſorte qu'elle ſe trouvera dans l'obligation d'en faire conſtruire des quantités, par la ſûreté que trouveront les Etrangers à mettre leurs effets ſur des Vaiſſeaux neutres.

Cet empreſſement du dehors pour fréter & fabri- quer nos Navires, occaſionnera certainement des de- mandes d'argent. Ces demandes engageront les riches familles retirées du Commerce & autres perſonnes qui vivent du revenu des fonds qu'elles ont en Angle- terre à 3 par $\frac{\circ}{\circ}$, à les faire repaſſer dans le Pays ; ce qu'elles feront d'autant plus volontiers, qu'elles trou- veront dans un Commerce floriſſant, une ſûreté en- tiére, & un bien plus gros interêt de leur argent ; & ces mêmes perſonnes que la décadence du Négoce effrayoit ci-devant pour les prêts qu'elles auroient pu faire, ſoit à leurs parens, ſoit à leurs amis, étant raſ- ſurées par l'état des choſes, s'empreſſeront alors de

faire profiter leur argent par leurs mains, & contri-
bueront par-là à l'aggrandissement du Commerce de
la Patrie. Leur argent sera sous leurs yeux, & placé
beaucoup plus avantageusement qu'en Angleterre, où
il faut qu'elles paient la commission, la correspon-
dance & autres faux frais pour chaque quartier qu'elles
reçoivent, & qu'elles courent, outre cela, les risques
dont j'ai parlé plus haut. Si, par ces moyens, nous
retirons d'Angleterre seulement cent millions de florins, une pareille somme répandue dans notre Négoce, en feroit fleurir toutes les branches; chacun trouveroit alors de l'occupation; hommes & femmes, tous
seroient employés, & toucheroient de bons gages, par
la raison que le nombre des Ouvriers ne feroit pas
suffisant pour satisfaire aux demandes. Cette augmentation du Commerce & des capitaux, rendroit les taxes
légéres, puisqu'il y auroit d'autant plus d'argent pour
les payer. Les maisons qui font vuides aujourd'hui,
trouveroient des Locataires ; en un mot, le débit
augmenteroit en tout genre.

Mais le point principal pour nous, est que les revenus publics augmenteroient, & nous mettroient par-
là en état de payer les dettes dont nous sommes accablés. Cent millions de florins répandus dans notre
Commerce, produiroient à l'Etat des sommes considérables : j'en tire la preuve de vos propres argumens. Vous dites, Monsieur, que vous êtes plus chargés de taxes que nous; que par cette raison nous sommes plus en état que vous de soutenir le poids des
Subsides : vous ajoutez que chaque personne en Angleterre paie en différentes taxes un tiers de son revenu, pendant qu'en Hollande nous ne payons qu'un
sixiéme; conséquemment, il s'enfuit que les cent millions de florins répandus dans le Commerce, produiroient à l'Etat un bénéfice de plus de 15 millions,
sans compter l'augmentation de ses revenus annuels,
qui monteroient à mesure que le négoce & la con-
sommation deviendroient plus considérables.

Vous voyez, Monsieur, par toutes ces raisons, que
le bien & l'intérêt de notre Pays ne nous laissent d'au-

tre parti à prendre, que celui d'une exacte neutralité.

Mais vous nous oppofez votre dernier argument que vous croyez, fans doute, d'un très-grand poids, je veux dire, " l'appréhenfion où vous êtes de vous „ voir obligés de faifir nos Vaiffeaux Marchands, fi „ nous ne fourniffons pas notre cote-part. „ Je penfe, moi, Monfieur, que vous ferez, au contraire, obligés d'accepter une Paix raifonnable, par l'appréhenfion que notre neutralité ne nous rendît cet Etat floriffant, dont j'ai parlé plus haut. Quant au danger que vous nous donnez à envifager, il ne fera impreffion fur l'efprit d'aucun véritable Hollandois. Jamais nous ne vous redoutames ni fur Mer, ni fur Terre. Nos Ancêtres ont brûlé les Flottes Angloifes fur la *Tamife* & *Meadway*; mais jamais vos Vaiffeaux ne pafferent le *Pampus*.

Vous dites en un autre endroit, que nous avons peu de Vaiffeaux de ligne, & que vous en avez plus de cent : cela peut être; mais vous ajoutez que nous avons négligé notre Marine. Je vais vous prouver le contraire. Nos fentimens différent encore en ceci comme en plufieurs autres chofes. Nous autres, comme Proteftans, Monfieur, nous penfons que ce qui conftitue la vraie Eglife de Chrift, eft l'affemblée des Fidéles, & non un édifice de pierres & de chaux. De même, nous autres Républicains, nous penfons que la vraie maniére de prendre foin de la Marine, eft moins d'augmenter le nombre des Vaiffeaux, que d'accroître & conferver celui du Corps des Mariniers qui en font la force. Nous avons plus que vous de ces *murailles vivantes*; vous avez plus que nous de bois & de fer mis enfemble : ce que nous appellons *un corps fans ame*. Nous n'en fommes cependant pas tout-à-fait dépourvus : nous en avons plufieurs dans nos différens Ports, qui, fi ils étoient raffemblés, formeroient en beaucoup moins de tems que vous ne penfez, une Efcadre très-refpectable; outre que nous avons l'artillerie, le bois de conftruction, tous les matériaux, & des mains fuffifanment pour les mettre en œuvre.

Tandis, Monſieur, que vous avez prodigué les Gens de Mer dans vos expéditions de la *Baltique* & des *Indes* ; tandis que vous en avez laiſſé deux mille pour engraiſſer les Terres de la *Nouvelle-Ecoſſe* ; tandis qu'en enlevant de force, les peres de famille, vous détruiſiez la race future des Mariniers, & mettiez des obſtacles à ſon rétabliſſement par la terreur qu'inſpire dans une Nation libre, la crainte de ſe mettre dans un métier qui les aſſujettit à un pareil traitement; pendant, dis-je, que vous avez opprimé vos Mariniers, & que vous vous êtes repoſés ſeulement ſur le corps inanimé de vos Vaiſſeaux, nous avons, nous, cultivé avec ſoin & ménagé nos Gens de Mer : de ſorte que nous en avons un bien plus grand nombre que vous. La Patrie a auſſi de l'argent, mais dans les bourſes des Particuliers ; parce que l'Etat ne les a point épuiſées pour ſoutenir follement des expéditions romaneſques. Sachez, de plus, Monſieur, ſi vous l'ignorez, que l'amour de la Patrie regne parmi les Riches auſſi-bien que parmi les Pauvres, & qu'à la premiére attaque qu'on livreroit à nos Vaiſſeaux Marchands, vous verriez toutes les bourſes s'ouvrir, quoique pas un de nos Compatriotes n'offriroit la ſienne, pour entretenir le train brillant d'une Armée de terre.

Mais tout ceci, Monſieur, eſt dit à pure perte; car je ſuis perſuadé que l'Angleterre n'entreprendra jamais de violer ainſi les Loix des Nations; entrepriſe qui exciteroit dans les eſprits une fermentation à laquelle vous vous attendez peu. Il n'y a pas un Hollandois qui voulût, après un tel procédé de votre part, laiſſer une ſeule *dutte* dans vos fonds. Ils en retireroient le grand nombre de millions qui leur appartient. Ces richeſſes, ils s'en ſerviroient pour le ſoutien de la République, & l'on trouveroit des moyens pour leur fournir une parfaite aſſurance. Une Guerre par Mer fait ſeulement circuler l'argent; elle ne le tire point hors du Pays. C'eſt pourquoi il ſe trouveroit des fonds pour payer un gros interêt à ceux qui feroient rentrer leur argent dans le Pays, pour le prêter dans une conjoncture auffi intereffante.

Pour finir, Monfieur, je vous avoue que je ne puis vous diffimuler ma furprife fur l'envie férieufe que vous paroiffez avoir d'étendre la Guerre, puifque par-là vous contredites formellement les fentimens de vos Supérieurs, & que moi, en faifant mes efforts pour garantir mes Compatriotes des malheurs de la Guerre, & pour prévenir que fon flambeau ne s'allume dans toutes les parties de l'Europe, je foutiens ce que la plus vénérable & la plus augufte autorité a déclaré, * du haut d'un des plus refpectables Trônes de l'Europe.

J'ai l'honneur d'être,

MONSIEUR,

Votre, &c.

---

* Extrait de la Harangue du Roi de la Grande-Bretagne à fon Parlement du 13 Novembre 1755 : " Défirant fincérement de ga-
,, rantir mes Peuples des malheurs que la Guerre a coutume
,, d'entraîner après elle, & de prévenir, même au milieu des
,, troubles préfens, que fon flambeau ne s'allume dans toutes les
,, parties de l'Europe.